LES GRANDES RELIGIONS DU MONDE

2e tirage : juin 2015
18, rue Barbès, 92120 Montrouge
ISBN : 978-2-7470-5331-0
Dépôt légal : mars 2001
Imprimé en Chine

Benoit Marchon • Jean-François Kieffer

LES GRANDES RELIGIONS DU MONDE

bayard jeunesse

SOMMAIRE

Pourquoi parler des religions ?

Tout au long de l'histoire, des religions sont nées. Chacune propose un chemin pour relier la vie et la mort, le visible et l'invisible, pour approcher ce que certains appellent Dieu. Le mot « religion » vient du latin *religio*, qui veut dire « ce qui relie ».

En France, il y a beaucoup de chrétiens. Ils croient que Jésus Christ est celui qui a montré le meilleur chemin vers Dieu. Mais c'est important pour eux de découvrir ce que d'autres gens croient et vivent dans d'autres religions.

Ce livre présente les plus connues : le christianisme, l'islam, l'hindouisme, le bouddhisme, l'animisme, le judaïsme, et certaines religions d'Asie dont on entend beaucoup parler.

Aujourd'hui, dans le monde, il y a environ

- 100 millions d'animistes
- 1 milliard d'hindouistes
- 14 millions de juifs répartis dans le monde entier
- 500 millions de bouddhistes
- 2,2 milliards de chrétiens
- 1,6 milliard de musulmans
- 551 millions de personnes pratiquant d'autres religions asiatiques

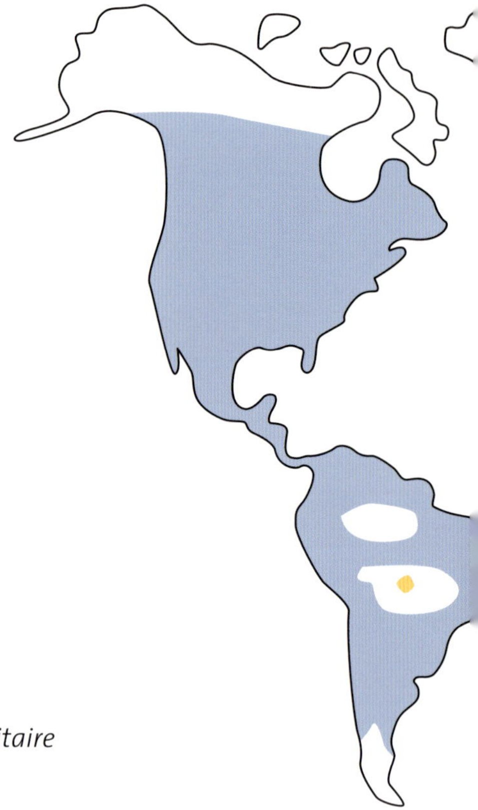

Cette carte indique quelle est la religion majoritaire dans chaque région du monde.

Toutes les religions ne sont pas nées au même moment.
Certaines sont plus anciennes que d'autres.

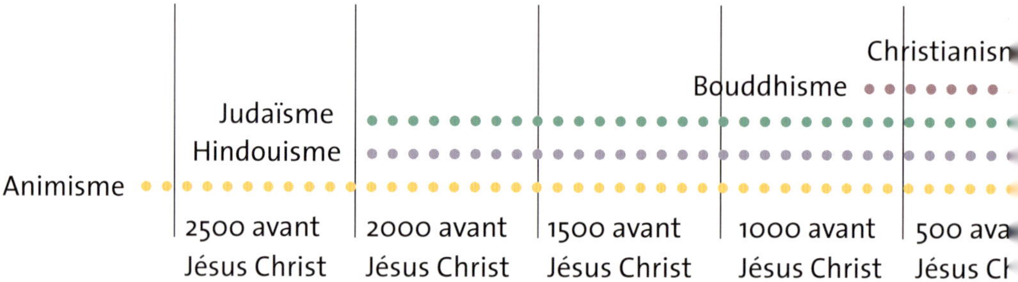

Les autres grandes religions d'Asie (taoïsme, shintoïsme, confucianisme et sikhisme) sont regroupées à la fin du livre. Certaines existent depuis longtemps, d'autres sont très récentes.

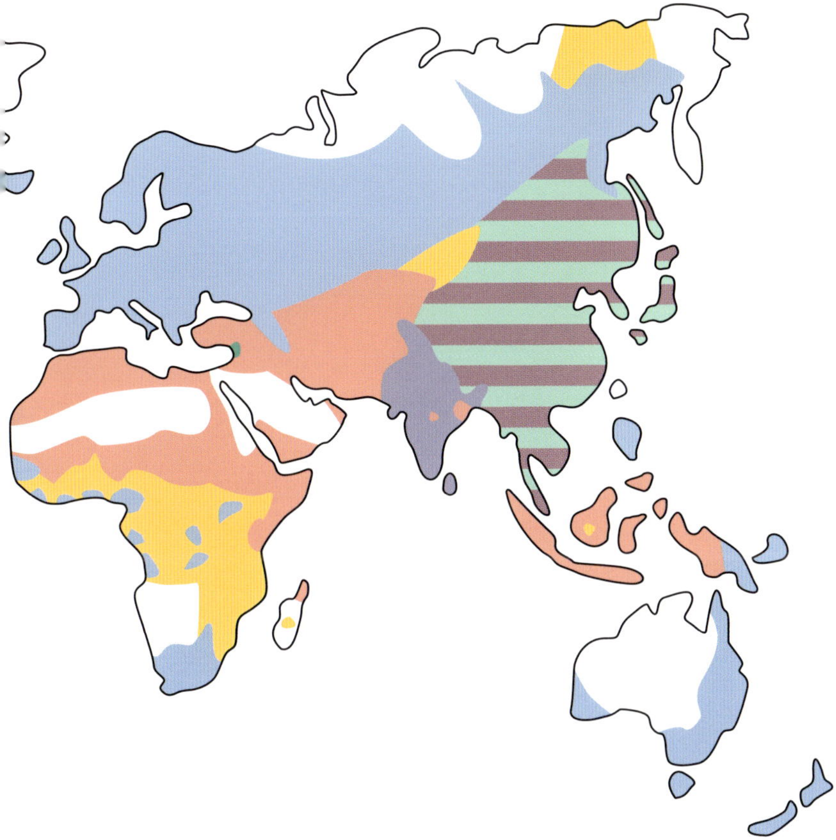

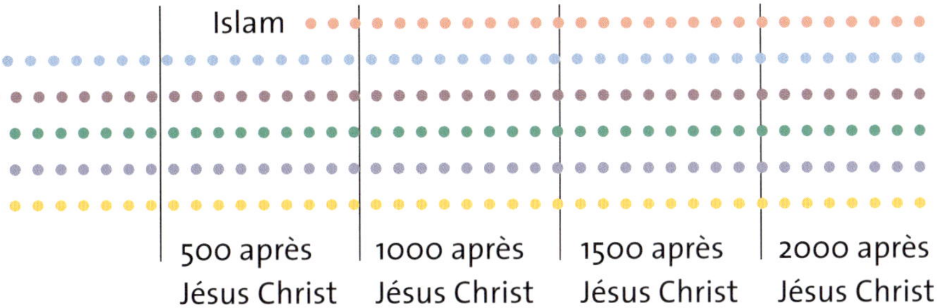
Islam
500 après Jésus Christ
1000 après Jésus Christ
1500 après Jésus Christ
2000 après Jésus Christ

L'animisme

Ce que nous croyons

Dans ma tribu, nous croyons
qu'un dieu a créé le monde.
Il est bon, mais il est loin de nous.
Par contre, les esprits qui animent
le monde sont plus proches de nous.
Ce sont eux qui protègent notre santé
et permettent de bonnes récoltes.
Mais ce sont surtout les esprits des
morts qui veillent sur nous : si nous
sommes méchants, ils peuvent nous
punir en provoquant des catastrophes
ou en nous donnant des maladies.

Je m'appelle Arouna,
j'ai neuf ans.
Je vis en Afrique noire.
Je pratique une religion
animiste.

Les histoires des anciens

Nous n'avons pas de livres.
Notre religion se transmet des anciens aux plus jeunes depuis des dizaines de siècles, sous forme d'histoires qu'on raconte pendant les veillées.

Un masque

Nos gestes religieux

Nous invoquons très souvent les esprits pour qu'ils nous protègent. Et puis nous fêtons nos morts pour que leurs esprits soient bons pour nous.
Quand mon grand-père est mort, on a fait une grande fête dans tout le village, avec des processions, des chants et des danses au son du tam-tam. Certains portaient des masques décorés et peints de couleurs vives pour représenter les esprits invisibles.

Les fruits de la récolte

Nos lieux de culte

Nous n'avons pas de maison particulière pour nous rassembler.
Nos fêtes se passent sur la place du village.
Un jour, quand j'étais malade, mes parents ont fait venir le guérisseur.
C'est quelqu'un qui fait sortir du corps les esprits mauvais avec des invocations, et qui soigne les maladies avec des plantes.

Danse pour un mort

Un ancien raconte

Une veillée

Nos grandes fêtes

Une fois par an, au début du printemps, nous faisons une grande fête pour demander à notre dieu de nous protéger des catastrophes et de nous donner de bonnes récoltes.

Une grande fête au printemps

Ce que je pense de ma religion

J'aime bien les veillées, le soir près du feu. Les anciens nous racontent des récits merveilleux sur la création de la terre et des esprits. J'essaie de les retenir pour les raconter plus tard à mes enfants. Mais si je m'en vais travailler dans une grande ville, comme mon oncle, il n'y aura plus de veillées et plus de fêtes où tout le monde se connaît.

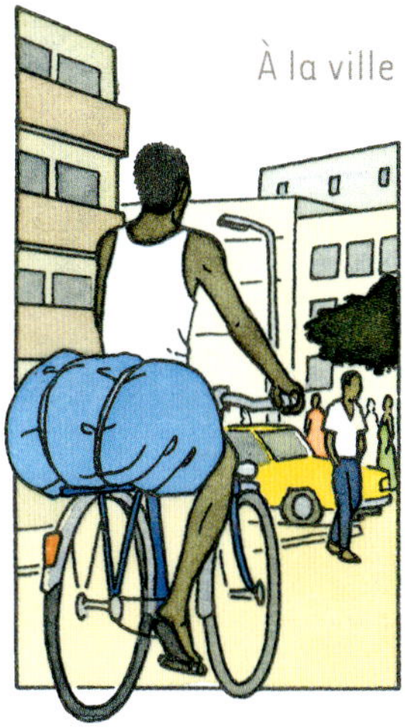

À la ville

L'hindouisme

Je m'appelle Sita,
j'ai huit ans.
Je vis en Inde (Asie).
Ma religion est
l'hindouisme.

Shiva

Ce que nous croyons

Il y a plusieurs milliers de dieux dans notre religion.
Les plus connus sont Brahmâ, Vishnou et Shiva.
Mais ce sont des représentations différentes d'un être unique.
Mes parents m'ont expliqué que l'Être habite au-dedans de chacun de nous, et que toute notre vie doit devenir un chemin pour le découvrir.

Brahmâ

Vishnou

Quand nous mourons, notre âme ne meurt pas.
Nous croyons à la réincarnation : si notre vie a été bonne, notre âme revivra dans un autre corps humain une nouvelle vie, encore plus proche de l'Être. Mais si notre vie a été mauvaise, notre âme revivra une vie malheureuse d'homme ou de femme, ou même dans un corps d'animal.

Nos livres saints

Beaucoup de livres saints de l'hindouisme racontent la vie des dieux. Le livre le plus ancien est le Rig-Veda, qui a été écrit il y a plus de trois mille ans. Un autre livre est très lu par les hindouistes : la Bhagavad-Gîtâ. Cela veut dire « le chant du Seigneur ». Ce sont les enseignements du dieu Krishna.

La Bhagavad-Gîtâ

La prière
dans le Gange

Nos gestes religieux

Tous les jours, mes parents font leur pouja à la maison : assis en tailleur devant l'image d'un dieu, ils récitent des prières en faisant brûler des bâtons d'encens. Puis ils lui offrent des fleurs et de la nourriture. Nous avons beaucoup d'images très colorées des principaux dieux. Quand je serai grande, mes parents m'emmèneront au bord du Gange. C'est le grand fleuve sacré de l'Inde où, chaque jour, des millions d'Indiens hindous[1] viennent se baigner en faisant des prières pour se purifier.

1. Il ne faut pas confondre les mots « indien» (habitant de l'Inde) et « hindou (de religion hidouiste).

Une pouja

Nos lieux de culte

Nous allons quelquefois prier dans des temples. Des brahmanes présentent aux dieux les offrandes de fleurs, d'argent ou de nourriture faites par les fidèles. Puis ils en redistribuent aux pauvres et en gardent pour eux.

Un temple

L'intérieur d'un temple

Divali

Nos grandes fêtes

Nous avons beaucoup de fêtes très joyeuses et très belles. Celle que je préfère, c'est Divali, la fête de la lumière, en octobre. Des milliers de petites lampes à huile brûlent sur le bord des fenêtres, autour des temples et des statues de dieux. On fait éclater des pétards et on tire des feux d'artifice en l'honneur de Vishnou. L'autre fête que j'aime bien, c'est Holî, au printemps. C'est très amusant : on fait des grands feux dans les rues et on s'asperge les vêtements d'eau et de poudres de couleurs en l'honneur de Kâma, le dieu de l'amour.

Holî

Une offrande

Ce que je pense de ma religion

J'aime bien lire les histoires des dieux.
En Inde, on trouve beaucoup de bandes dessinées qui les racontent.
J'ai encore du mal à comprendre qui est l'Être, mais je sais que j'ai toute ma vie, et même plusieurs vies, pour trouver le chemin qui m'apprendra à le découvrir.

Le judaïsme

Je m'appelle Ofer, j'ai dix ans.
Je vis en Israël (Moyen-Orient).
Ma religion est le judaïsme.

Ce que nous croyons

Notre religion est l'une des plus anciennes du monde.
Il y a presque quatre mille ans, un homme appelé Abraham s'est installé avec sa famille en terre de Canaan (aujourd'hui Israël). Il affirmait : « Il n'y a qu'un seul Dieu, qui veut faire alliance avec nous. »
Puis Jacob, un des petits-fils d'Abraham, a donné naissance à notre peuple, le peuple juif. Nous croyons que Dieu est présent dans toute notre histoire.
Nous attendons le Messie, l'envoyé de Dieu. Quand il viendra, la terre entière connaîtra la paix et la justice.

La Torah et le chandelier
à sept branches

Nos livres saints

Nous étudions souvent la Torah (en hébreu, ça veut dire « enseignement »). On l'appelle aussi parfois la Bible. On y trouve l'histoire ancienne de notre peuple et la Loi que Dieu nous a donnée pour que nous vivions comme il le souhaite.

Nos gestes religieux

Chaque semaine, du vendredi soir au samedi soir, nous fêtons le shabbat en famille. Nous ne travaillons pas, pour mieux penser à Dieu. Le vendredi soir, nous chantons et nous prions ensemble autour de la table prête pour le dîner. Mon père, mon grand frère et moi, nous portons sur la tête une kippa en signe de respect pour Dieu.
La nourriture que nous mangeons est kascher, c'est-à-dire préparée selon des règles très précises. Par exemple, la viande doit être vidée de son sang, et on ne doit pas la mélanger à des laitages.

Les brioches
de shabbat

Nos lieux de culte

Le samedi matin, nous allons à la synagogue pour prier
et pour écouter un passage de la Torah, que le rabbin nous explique.

Le mur des Lamentations à Jérusalem

La Torah est écrite sur de grands rouleaux. Ceux-ci sont rangés dans une armoire appelée arche.

La lecture de la Torah à la synagogue

Nos grandes fêtes

Pesah (la Pâque), au printemps, est une très grande fête : elle rappelle le jour où Dieu a libéré le peuple juif de l'esclavage en Égypte, sous la conduite de Moïse.

Pesah

La fin de
Yom Kippour

La fête la plus importante est Yom Kippour, le jour du Grand Pardon, en automne. Ce jour-là, on ne mange pas, on ne boit pas, et personne ne travaille : c'est pour nous réconcilier avec les autres, et recevoir le pardon de Dieu.

Hanouka

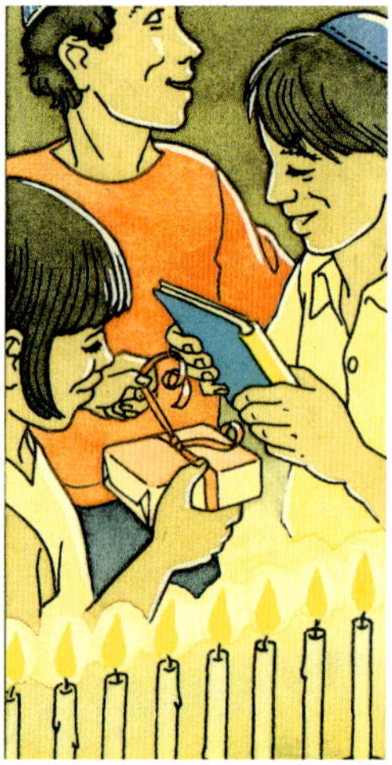

J'aime bien aussi la fête de Hanouka, au mois de décembre. Chaque soir, pendant huit jours, on allume une bougie de plus sur un chandelier à huit branches. Et on offre des cadeaux aux enfants.

Ce que je pense de ma religion

J'ai hâte d'avoir treize ans : je serai bar-mitzvah. Pour la première fois, je lirai à haute voix un passage de la Torah devant tout le monde à la synagogue. Ça voudra dire que je deviens responsable de ce que je fais devant Dieu et devant les autres.
Mais, quelquefois, j'ai peur de la haine de certaines personnes contre les juifs.

Une bar-mitzvah

Le bouddhisme

Je m'appelle Katsouko,
j'ai sept ans.
Je vis au Japon (Asie).
Ma religion est le bouddhisme.

Bouddha

Ce que nous croyons

Nous n'avons pas de dieu. Notre modèle est le Bouddha : cela veut dire l'Éveillé. C'est le nom que l'on donne au prince Siddhârtha Gautuma, né en Inde il y a environ 2500 ans. Il enseignait que la vie est une souffrance, qui vient du désir de posséder. Pour atteindre la paix, il est important de supprimer tout désir égoïste en menant une vie sans violence.

Nos livres saints

Notre principal livre saint s'appelle les Trois Corbeilles.
Il raconte la vie du Bouddha et rassemble ses sermons.

Nos gestes religieux

À la maison, nous avons un butsudan :
c'est un petit autel devant lequel nous prions en famille.
Il y a une image de Bouddha, des plaques avec les noms de nos ancêtres et des bâtons d'encens.

Un butsudan

Nos lieux de culte

Nous allons à la pagode pour faire des offrandes de nourriture au Bouddha. Les moines vivent dans des monastères. On les reconnaît bien avec leur robe noire et leur crâne rasé !

Jardin d'un monastère

Nos grandes fêtes

Le 8 avril, c'est la fête des Fleurs : nous célébrons la naissance du Bouddha. Dans les temples, on élève un autel de fleurs avec la statue du Bouddha enfant, sur laquelle on verse du thé sucré.
En juillet, nous fêtons la mort du Bouddha en honorant les esprits des ancêtres : on fait flotter des petites lampes sur les rivières.

La fête de la mort du Bouddha

Ce que je pense de ma religion

Quelquefois je suis étonnée, car il y a beaucoup de façons de pratiquer le bouddhisme. Mais je sais que le principal, c'est d'avoir une vie honnête en respectant ses parents et en travaillant bien à l'école.

La prière

Je m'appelle Sébastien,
j'ai onze ans.
Je vis en France (Europe).
Ma religion est le christianisme.

Ce que nous croyons

Moi, je suis catholique. Mais il y a trois grandes familles de chrétiens : les catholiques, les protestants et les orthodoxes. Ils se sont séparés il y a très longtemps, parce qu'ils n'étaient pas d'accord sur certaines questions de la foi.
Tous, nous croyons en Dieu, père et créateur du monde. Nous croyons aussi en Jésus Christ, le Messie, le Fils de Dieu. Jésus était juif. Il a vécu en Palestine il y a deux mille ans. Jésus est mort sur une croix, mais ses disciples l'ont vu ressuscité, mystérieusement vivant. Nous espérons qu'après notre mort Dieu nous ressuscitera comme il a ressuscité Jésus. Et nous croyons que Dieu donne aux hommes son Esprit Saint, pour vivre et aimer comme Jésus nous l'a montré.

La mort de Jésus

Deux disciples
voient Jésus ressuscité

Jésus parle à ses disciples

Nos livres saints

Le livre saint des chrétiens, c'est la Bible (ça veut dire « le Livre »).
En fait, c'est un ensemble de livres regroupés en deux parties : l'Ancien Testament et le Nouveau Testament.
L'Ancien Testament reprend les livres de la Bible juive (voir page 26).
Dans le Nouveau Testament, les livres les plus importants sont les quatre Évangiles : ils racontent ce que Jésus a dit et ce qu'il a fait.

La Bible

La lecture des Évangiles

Nos gestes religieux

Quand j'étais petit, mes parents m'ont fait baptiser. Par mon baptême, je suis entré dans la grande famille des chrétiens : l'Église. Le dimanche, nous nous réunissons pour célébrer la messe (les protestants disent le culte, les orthodoxes, la divine liturgie) : nous écoutons des textes de la Bible, et nous refaisons les gestes du dernier repas de Jésus en partageant du pain et du vin. Nous le faisons pour communier à la vie de Jésus, pour que l'Esprit Saint nous aide à aimer Dieu et les autres.

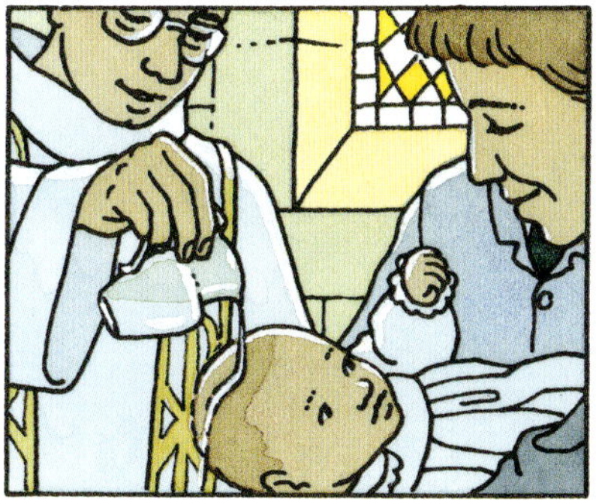

Le baptême d'un enfant

Un prêtre célébrant la messe

Nos lieux de culte

La maison de prières des catholiques et des orthodoxes, c'est l'église[1].
Les protestants disent le temple.
Les guides religieux des catholiques sont les prêtres, les évêques et le pape. Ceux des protestants sont les pasteurs. Ceux des orthodoxes, les popes, les évêques et les patriarches.

1. Ne pas confondre avec l'Église.

Un prêtre catholique

Un pasteur protestant

Un pope orthodoxe

Une église

Nos grandes fêtes

À Noël, le 25 décembre, nous célébrons la naissance de Jésus. La veille au soir, nous allons à une messe très joyeuse avec ma famille. Puis nous nous offrons des cadeaux. Chez les orthodoxes, Noël est le 7 janvier.
La plus grande fête pour tous les chrétiens, c'est Pâques, au printemps : ce jour-là, nous célébrons Jésus ressuscité par Dieu et vivant pour toujours.
C'est vraiment la fête de la vie, de la lumière, de la résurrection !

La crèche de Noël

La fête de Pâques

Ce que je pense de ma religion

J'aime beaucoup l'histoire de Jésus : il défend les pauvres, les malheureux, les rejetés. Il parle de Dieu de façon extraordinaire.
J'ai été très content quand j'ai communié pour la première fois à la messe. J'avais invité toute ma famille et mes amis à ma première communion.
Je ne comprends pas pourquoi les chrétiens, autrefois, se sont séparés en catholiques, protestants et orthodoxes. Ils se sont même fait la guerre ! Heureusement, aujourd'hui, ils acceptent d'être différents, et ils essaient de se rapprocher.

La prière

La communion

L'islam

Je m'appelle Touria,
j'ai neuf ans.
J'habite en Tunisie (Afrique du Nord).
Ma religion est l'islam.

Ce que nous croyons

Nous croyons qu'Allah est l'Unique, le Tout-Puissant, le Miséricordieux. « Islam » veut dire « celui qui est soumis à Allah ». Pour nous les musulmans, Mohammed est le Prophète, celui qui a reçu le message d'Allah pour le transmettre aux hommes. Mohammed est né à La Mecque (en Arabie), vers 570. Je crois qu'en France on l'appelle Mahomet. Nous pensons qu'Abraham, Moïse et Jésus sont aussi des prophètes, mais moins importants que Mohammed.

Le minaret

Nos livres saints

Les messages reçus par Mohammed ont été écrits au fur et à mesure par ses disciples, et réunis dans un livre quelques années après sa mort : c'est le Coran (cela veut dire « récitation »). Mes frères vont à l'école coranique, où ils apprennent des passages de ce livre.

اقرأ باسم ربك الذي خلق

Mohammed écoutant Allah

Mohammed dictant le Coran

Nos gestes religieux

Pour devenir musulman, il faut affirmer en le croyant très fort :
« Il n'y a pas d'autre dieu qu'Allah, et Mohammed est son prophète. »
C'est la profession de foi.
Mes parents prient cinq fois par jour. Ils commencent pas se purifier en se lavant les mains, le visage et les pieds. Puis ils se mettent à genoux sur un tapis de prière en se tournant vers La Mecque. Ils récitent des passages du Coran et se prosternent plusieurs fois.

Les ablutions avant la prière

Une fois par an, pendant un mois, c'est le Ramadan : les grandes personnes ne mangent pas, ne boivent pas et ne fument pas tant qu'il fait jour. Chacun le fait pour penser davantage à ceux qui ont faim, se purifier de toutes ses fautes et rapprocher son cœur d'Allah.

La prière

Nos lieux de culte

Chaque vendredi à midi, mon père va à la mosquée avec les autres hommes. Le muezzin les appelle à la prière du haut du minaret. Avant d'entrer, les hommes enlèvent leurs chaussures. Le sol de la mosquée et recouvert de tapis pour faire la prière. C'est l'imam qui conduit la prière, et il fait un discours religieux.

La prière à la mosquée

L'appel du muezzin

Nos grandes fêtes

À la fin du Ramadan, on fait un grand repas en famille : c'est l'Aïd-el-Seghir, la fête où les gens fâchés se réconcilient.
Il y a aussi l'Aïd-el-Kebir. Les adultes font une grande prière à la mosquée. Après on mange un mouton en souvenir du prophète Abraham et de son sacrifice.
Si on le peut, il faut aller une fois dans sa vie en pèlerinage à La Mecque. Là-bas, on demande à Allah le pardon de ses péchés. Mon grand-père y est allé. À son retour, on a fait une très grande fête qui a duré plusieurs jours.

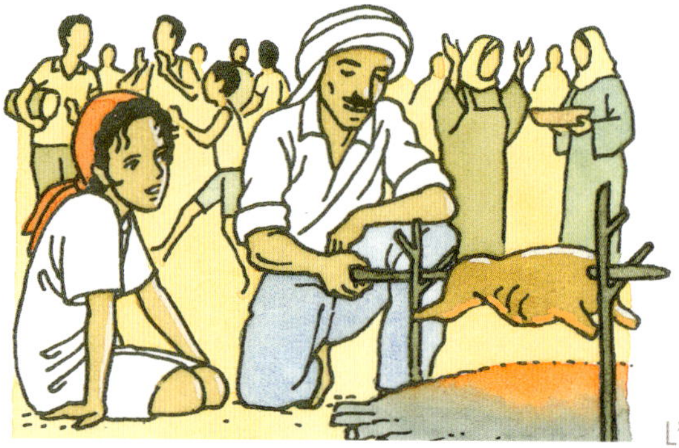

L'Aïd-el-Kebir

Pèlerinage à La Mecque

Ce que je pense de ma religion

Je suis fière d'être musulmane et de montrer que je crois en Allah. Je sais qu'il faut obéir à ce qu'il nous demande. Quand je serai grande, je ferai les cinq prières par jour et le Ramadan. J'essaierai aussi de faire l'aumône comme le veut le Coran, en donnant de l'argent aux pauvres. Ainsi je respecterai les cinq piliers de l'islam : la profession de foi, la prière, le jeûne, le pèlerinage et l'aumône.
Mes cousins qui vivent en France croient aussi en Allah, mais ils ne peuvent pas faire leurs prières pendant leur travail, et il n'y a pas de mosquée dans la ville où ils habitent.

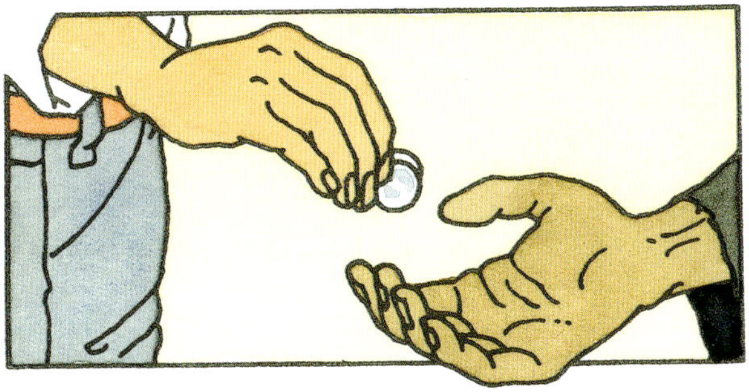

L'aumône

La prière

Le taoïsme

Le livre sacré du taoïsme est le Tao Tö King, le livre de la voie et de la vertu. On dit qu'il a été écrit par Lao-Tseu (ce qui veut dire « le vieux maître ») il y a 2500 ans environ. Le tao est le caractère chinois qui veut dire « chemin » ou « voie ». Les taoïstes essaient d'avoir une vie droite et de ne faire de tort à personne. Ils vénèrent les esprits, protègent la nature et recherchent l'harmonie. Celle-ci se manifeste dans le symbole du yin et du yang. Le yin est féminin, sombre et froid, le yang masculin, lumineux et chaud. Ces deux forces contraires se complètent et doivent s'équilibrer dans la vie.

Le shintoïsme

Cette religion japonaise remonte à plus de 3000 ans. Le mot shinto veut dire « la voie des dieux ».
Les shintoïstes vénèrent les kamis, c'est-à-dire les esprits qui sont présents dans la nature : aussi bien dans un arbre que dans le vent ou dans une pierre.
De nombreux villages possèdent un sanctuaire. Et dans chaque maison, se trouve un petit autel domestique, un kamidana : on y fait des offrandes de riz et de thé aux kamis.

Le confucianisme

Il s'agit plus d'une sagesse que d'une religion. Son créateur, Confucius (Kongfuzi, en chinois), a vécu en Chine il y a 2500 ans environ.
Il enseignait le respect des autres, en particulier des anciens, la maîtrise des émotions, l'obéissance au père et à l'empereur.
Le culte des ancêtres est très important.

Le sikhisme

Cette religion a été fondée il y a environ quatre cents ans par le gourou (ou « maître spirituel ») Nanak. Les sikhs (c'est-à-dire les disciples) croient à un Dieu unique, à l'égalité des hommes et à la réincarnation.
Le livre sacré est le Granth Sahib.
La plupart des sikhs vivent dans la province du Pendjab, en Inde.
Leur capitale religieuse est Amritsar, où se trouve le Temple d'Or.
On reconnaît les hommes de religion sikhe à leur turban enserrant leurs cheveux longs qu'ils ne coupent jamais.